公認 アスレティックトレーナー
専門科目テキスト

＋ワーク ブック

救急処置

文光堂

編集・執筆者一覧

編　集

山本　利春　（国際武道大学）

執　筆　（掲載順）

山本　利春　（国際武道大学）

布村　忠弘　（富山大学）

太田　千尋　（クボタスピアーズ）

笠原　政志　（国際武道大学）

日本スポーツ協会のスポーツ指導者資格の詳細については，日本スポーツ協会ホームページをご参照ください．

https://www.japan-sports.or.jp/coach/tabid63.html

発行に寄せて

このワークブックは，公益財団法人日本スポーツ協会公認アスレティックトレーナーの資格取得を目指す皆さんが，アスレティックトレーナーとして備えるべき知識を習得するための教材として，自宅学習の充実を図るために作成したものです．

アスレティックトレーナーとして必要とされる知識や技能は広い分野に及ぶため，限られた講習時間ですべてを身につけることは困難であり，自宅学習が必要不可欠です．

そこで，このワークブックではテキストをもとにして各自でその内容について理解を深められるよう，テスト形式で構成していますので，テキストと併せて繰り返し学習することができます．ぜひ有効にご活用ください．

競技者のパフォーマンスを高めるためのサポーターとして，主に競技特性に応じた技術面を担当するコーチ，そして医療を担当するスポーツドクターとともに，コンディショニングの専門家としてのアスレティックトレーナーに対する期待はますます高まってきています．

そしてアスレティックトレーナーには，競技者を中心にコーチ，スポーツドクターや他のスタッフとの調整役も求められ，コミュニケーションスキルも必要となります．この意味で知識，技能を習得することはもとより，さまざまな役割を担う多くの関係者から信頼されるようヒューマニティを磨く努力を怠らないでください．自身と誇りを持って使命を全うするアスレティックトレーナーが多数誕生し，活躍してくれることを期待しております．

公益財団法人日本スポーツ協会　指導者育成専門委員会
アスレティックトレーナー部会長　河野一郎

このワークブックは，専門科目テキスト第１巻の「アスレティックトレーナーの役割」と第９巻の「スポーツと栄養」を除いて，基本的にテキストに対応した形で分冊になっています．ただし，第２巻の「運動器の解剖と機能」と第３巻の「スポーツ外傷・障害の基礎知識」は併せて１分冊に，またテキストのない「スポーツ科学」についてはワークブックを作成し，自宅学習を補助するための原稿を新たに書き起こして掲載しています．

序　文

救急処置の知識と技能の習得は，アスレティックトレーナーの業務を遂行するうえで必須事項であり，重要な責務であるといえます．

本書は，公益財団法人日本スポーツ協会公認『アスレティックトレーナー専門科目テキスト』第8巻「救急処置」の内容に対する理解を深めてもらえるように作成したものです．

「A．救急処置の基本的知識」では，救急処置の意義，実施者の心得，基本的留意点について学習します．

「B．スポーツ現場における救急処置」では，スポーツ現場における救急処置と一般に普及されている救急法との趣旨の違い，救急処置の緊急状況に対する考え方や処置方法の差異などに関しての理解を深めるようにしてください．特に緊急時対応計画の必要性，スポーツ現場での外傷・障害の評価とその手順について理解してください．

「C．外傷時の救急処置」では，スポーツ現場で発生した外傷に対する救急処置として，皮膚などに傷のないけが，および傷のあるけが，加えて特殊な外傷について具体的な救急処置の方法について学びます．また，患部の固定法や患者運搬法についても学習します．この章の内容は実技に関するものが多いので，実際に実習を行いながら確認しましょう．

「D．緊急時の救命処置」では，特に生命にかかわる重篤な緊急事態における対応ともいえる，心肺蘇生法と頭頚部・脊椎外傷時の救急処置について学習します．心肺蘇生法は他の関係機関が普及する救命処置と同様ですが，生命にかかわる最も重要な救急処置として確実な知識と技能の習得が必要です．また，頭頚部・脊椎外傷時の救急処置はスポーツ現場で生じた際の評価と処置手順を整理し十分に理解しておきましょう．

「E．内科的疾患の救急処置」では，暑熱あるいは寒冷環境下でよくみられる障害，過換気症候群，ショックなど，スポーツ選手によくみられる内科的疾患の一般的症状，病態と原因，対処法について学習します．

「F．現場における救急体制」では，スポーツ現場における救急体制を確立し，緊急時の対応計画を作成して実施するための考え方と具体的な方法を学びます．スポーツ現場における救急処置を適切に迅速に実施するための知識として，スポーツ種目や競技環境に応じた事故発生時の対応計画作成の要点，事故発生時のフローチャートの作成・確認の要点，用意すべき各種救急処置用器材・用品の知識や利用法の要点などについて整理しておきましょう．

本書は問題・課題形式となっており，穴埋め，論述，実技，フローチャートの4形式を設けています．知識の整理や，理解の促進に活用できる構成と内容になっているものと思います．

本書が皆様の自主学習の進行に役立つことができれば幸いです．

山本利春

目　次

A. 救急処置の基本的知識

1. 救急処置の重要性 …… 2
2. 救急処置実施者の心得 …… 2
3. 救急処置の基本的留意点 …… 3

B. スポーツ現場における救急処置

1. スポーツ現場における救急処置を学ぶ意義 …… 6
2. 事故時の緊急対応計画と評価手順（フローチャート）…… 6
3. スポーツ現場での外傷，障害の評価とその手順 …… 7

C. 外傷時の救急処置

1. 皮膚などに傷のないけがの処置 …… 10
2. 皮膚などに傷のあるけがの処置 …… 15
3. 特殊な外傷の救急処置 …… 20
4. 患部の固定法 …… 24
5. 運搬法（選手の移動）…… 25

D. 緊急時の救命処置

1. 心肺蘇生法 …… 28
2. 頭頚部・脊椎外傷時の救急処置 …… 32

E. 内科的疾患の救急処置

1. 暑熱による障害（熱中症）…… 38
2. 寒冷による障害 …… 40
3. 過換気状態 …… 41
4. ショック …… 42
5. その他（スポーツでよくみられる内科的疾患）…… 43

F. 現場における救急体制

1. 救急体制の重要性と計画 …… 48
2. 事故発生時のフローチャート …… 49
3. 各種救急処置用器材および用品に関する知識とその利用法 …… 50

解答編 …… 54

・各設問末尾のページ番号は，設問に関する記述が掲載されている日本スポーツ協会公認アスレティックトレーナー専門科目テキストの該当ページ（本書の場合は，8巻 救急処置の該当ページ）を示します．
・問題の形式は，穴埋め（STEP 1），論述（STEP 2），実技（STEP 3），フローチャート（STEP 4）の4形式を設けており，知識の整理や，理解の促進に活用できる構成と内容になっています．

A 救急処置の基本的知識

1 救急処置の重要性

STEP 1

問 1　救急処置の重要性について，以下の ______ に適切な語句を入れてみましょう．▶ p.2

1. 例えば心肺停止のような重篤な傷病者が発生した場合，______ 分以内に ______ や ______ による心肺蘇生法が行われ，______ 分以内に ______ による処置や治療に引き継ぐことができれば救命率が高くなるといわれている．

2. 人の ______ は，血流低下や血流停止による低酸素や無酸素状態に弱く，一刻も早く脳に ______ や ______ を送り込まなければならない．しかし，消防庁の調べでは，119 番通報をしてから現場に救急隊が到着するまでの平均所要時間は約 ______ 分である．すなわち，重篤な傷病者が発生した場合，救急隊の到着をただ待つだけでなく，到着までの間，傷病者に対して適切な救急処置を行うことが重要である．

3. スポーツの現場では，必ずしも ______ がいるとは限らない．したがって，スポーツ現場で病気やけがが発生した際には，______ が最初に処置することが多く，その際の判断や処置が ______ のその後のスポーツ活動に大きな影響を与えることになる．そのため，______ はあらかじめ迅速かつ的確に処置ができるように ______ をしっかりと習得し，______ を計画し，必要な ______ を備えておかなければならない．

2 救急処置実施者の心得

STEP 1

問 1　アスレティックトレーナー（ファーストエイダー）の救急処置を行う際の守るべきこと（責務）について，以下の ______ に適切な語句を入れてみましょう．▶ p.4

1. 自分自身の ______ を確保する．周囲の状況を観察し，______ に努める．

2. 原則として ______ は使用しない．

3. あくまでも ______ までの救命手当，応急手当にとどめる．

4. 必ず ______ を受けることをすすめる．

5. ______ を行ってはいけない．

STEP 2

問 1　救急処置の範囲について，それぞれ簡潔にまとめてみましょう．▶ p.4

1 次救命処置（BLS）

2 次救命処置（ACLS）

3 救急処置の基本的留意点

STEP 2

問 1　救急処置の基本的留意点としての以下の事項について，簡潔にまとめてみましょう．▶ p.5

ただちに処置が必要な場合

トリアージ

足を高くした体位，上半身を高くした体位，水平に寝かせた体位の選択条件

回復体位の有効性

B スポーツ現場における救急処置

1 スポーツ現場における救急処置を学ぶ意義

STEP 1

問 1　「スポーツ現場における救急処置」と一般に普及している「救急法」を比較した以下の表の空欄に，適切な語句を入れて完成させてみましょう．▶ p.8

	救急法	スポーツ現場における救急処置
行為者	一般市民　（①　　　　　　）	②
発生場所	どこで起きるかわからない（③　　　　　）	④
外傷，傷の種類	想定不可能	⑤
緊急対応計画	なし	⑥
かかわりの範囲	医療者引き継ぎまで	⑦
資器材	通常なし	⑧

2 事故時の緊急対応計画と評価手順（フローチャート）

STEP 2

問 1　スポーツ現場における救急処置を行ううえで重要な以下の 2 つの事項について，簡潔に説明してみましょう．▶ p.9

緊急対応計画

評価手順（フローチャート）

3 スポーツ現場での外傷，障害の評価とその手順

STEP 1

問 1

スポーツ現場におけるスポーツ外傷，障害の評価について，以下の ________ に適切な語句を入れてみましょう．▶ p.9-10

1. スポーツ現場で外傷・障害が発生した際には，迅速で正確な ________ と，それに伴う適切な判断と ________________ が必須になる．スポーツ現場における評価の目的は，選手を競技または運動を ________________________________ であるか否かを判断することである．

2. そのために行う情報収集として，まずは選手の生命を脅かす ________________ を判断する第 1 次評価と，生命の危機を除外できた後，つまり第 1 次評価の後に外傷や障害についての情報収集を行い，________________________ を判断する第 2 次評価を行う．

STEP 2

問 1

スポーツ現場におけるグランド上評価として一般的な HOPSS 評価法について，各評価項目に分けて概要を説明してみましょう．▶ p.10-11

history (　　　　)：

observation (　　　　)：

palpation (　　　　)：

stress test (　　　　　　　)：

special test (　　　　　　　)：

C 外傷時の救急処置

1 皮膚などに傷のないけがの処置

STEP 1

問 1

1 次的外傷性損傷から 2 次的外傷性損傷の組織損傷の経過について，以下の ______ に適切な語句を記入してみましょう．▶ p.12–13

1. スポーツ外傷による組織の損傷は，外力によって直接的に引き起こる一次的外傷性損傷（primary traumatic damage）と，1 次的外傷性損傷の周辺細胞に発生する 2 次的外傷性損傷（secondary traumatic damage）がある．2 次的外傷性損傷は，1 次的外傷性損傷に伴う ______ の影響を受けることによって起こる．これは主に ______ （secondary hypoxic injury）と呼ばれる，損傷した組織の周辺細胞が ______ になり壊死する現象である．組織が損傷を受けると ______ を起こし，組織の内圧が上昇する．そのため，______ を呈し，患部より末梢の組織において ______ を作りだす．そして，血管拡張を起こし，さらなる ______ ，腫脹を引き起こす．外傷による組織の損傷は，このよう経過で拡大するのである．

問 2

アイシングの効果について，以下の ______ に適切な語句を記入してみましょう．▶ p.12–13

1. アイシングは，炎症による 5 つの徴候に直接的に作用する．炎症が起きると患部は細胞の代謝レベルが上がり血液が集るため赤くなる（発赤）．血液は，熱源であるため患部の温度も高くなる（熱感）．そして，患部は，集まってきた血液の漏出や細胞液などの漏出によって腫れる（腫脹）．これに対して，アイシングすることによって血管が ______ し，血流が ______ されるため発赤，熱感，腫脹の徴候を最小限に抑えることができる．さらにアイシングによる冷却には ______ の効果があるため疼痛を軽減することができる．そして，腫脹や疼痛などによって制限されていた ______ などの機能障害を最低限に抑えることができる．つまり，アイシングは炎症を必要最小限に抑え，患部周囲の細胞が受ける二次的外傷性損傷の原因となる ______ を抑制する効果がある．

問 3

アイシングの冷却時間について，以下の ______ に適切な数字を記入してみましょう．▶ p.16

1. 外傷におけるアイシングの時間については，さまざまな見解があるが，1 回につき ______ ～ ______ 分を目安に行う．例えば，指と大腿部では大きく異なる．指を深部まで冷却するのは短時間ですむが，大腿部を深部まで冷却するためにはある程度の時間を必要とする．そのため，部位に合わせて時間を工夫する必要がある．

2. アイシング開始直後から数分間は，強い冷却感があるが，しだいに感覚麻痺が生じる．そして，______ ～ ______ 分後に寒冷起因の血管拡張による血流増加が起こり温かい感覚になるが，その後 ______ ～ ______ 分で血管拡張期を通過し，血管収縮期に入る．ここから深部の冷却効果が得られる．そのため，アイシングは，1 回につき約 ______ 分は必要なのである．

3. 次にアイシングの間隔は，______ ～ ______ 時間に 1 回，間欠的に行うことが望ましい．そして，この間欠的なアイシングを ______ ～ ______ 時間適用する．外傷の重症度によって炎症反応の程度は違うため，重症度に合わせて間欠的なアイシングを継続して行う必要がある．

STEP 2

問 1　外傷とは何か，簡単にまとめてみましょう．▶ p.12

問 2　炎症について，組織レベルの反応と炎症の徴候をまとめてみましょう．▶ p.12

組織レベルの反応

-
-
-

炎症の徴候

-
-
-
-
-

問 3　外傷受傷後に十分なアイシングをしないとどうなるか述べてみましょう．▶ p.12–13

問 4

RICE 処置について各頭文字の意味に該当する英語，日本語および処置の内容について整理して述べてみましょう． ▶ p.13-14

	英語	日本語	処置の内容
R	①	②	③
I	④	⑤	⑥
C	⑦	⑧	⑨
E	⑩	⑪	⑫

問 5

凍傷を誘発する要因を 3 つあげてみましょう． ▶ p.16

-
-
-

問 6

アイシングの適応にならない人の例を 3 つあげてみましょう． ▶ p.18

-
-
-

STEP 3

問 1

足関節内反捻挫の RICE 処置について，実際に考えてみましょう． ▶ p.18-19

安静体位	
肢位（関節の角度など）	
冷却部位	
冷却時間	
バンテージのサイズ	
工夫すること 注意点	

問 2

ハムストリング肉離れの RICE 処置について，実際に考えてみましょう． ▶ p.20-21

安静体位	
肢位（関節の角度など）	
冷却部位	
冷却時間	
バンテージのサイズ	
工夫すること 注意点	

問 3　大腿四頭筋の筋挫傷の RICE 処置について，実際に考えてみましょう．▶ p.20-21

安静体位	
肢位（関節の角度など）	
冷却部位	
冷却時間	
バンテージのサイズ	
工夫すること 注意点	

問 4　RICE 処置に必要な備品をリストアップしてみましょう．▶ p.20-21

備品名	サイズ	備考
1		
2		
3		
4		
5		
6		
7		
8		
9		
10		

2 皮膚などに傷のあるけがの処置

STEP 1

問 1

創傷部の止血と治癒のメカニズムについて，以下の ＿＿＿＿ に適切な語句を記入しましょう．
▶ p.26-27

1. 第 1 期（＿＿＿＿＿＿＿＿）
   a）第 1 段階：＿＿＿＿＿＿＿＿
      1）炎症反応期は受傷後 ＿＿ 〜 ＿＿ 日続く．
      2）破損を受けた血管は，神経作用によりまず ＿＿＿＿ を起こして内腔を狭め，機械的に出血量を少なくする．
   b）第 2 段階：＿＿＿＿＿＿＿＿
      1）血管内皮細胞の損傷に血液成分の血小板が付着凝集をしてその部位を覆う（1 次止血）．
   c）第 3 段階：＿＿＿＿＿＿＿＿
      1）血液の凝固因子の活性化が起こる．
      2）活性は連鎖的に強まり，破壊部位の血流を止める．
      3）＿＿＿＿＿＿＿＿（＿＿＿＿＿＿＿＿）が働き，＿＿＿＿＿＿（＿＿＿＿）が形成される（2 次止血）．

2. 第 2 期（＿＿＿＿）
   a）増殖期（＿＿＿＿＿＿＿＿）
      1）＿＿＿＿＿＿＿＿ が放出する物質による壊死組織の取り込みが起こる．
      2）＿＿＿＿＿＿＿＿ が分泌する修復の主たる成分である ＿＿＿＿＿＿＿＿ を主とした ＿＿＿＿＿＿ に収縮が起こる．
      3）＿＿＿＿＿＿ の瘢痕組織への変化が起こる．
      4）これにより組織は安定し ＿＿＿＿＿＿，＿＿＿＿＿＿＿＿ がみられる．

STEP 2

問 1

創傷の種類を 8 つあげ，その特徴を述べてみましょう． ▶ p.24-25

創傷名	特徴
①	②
③	④
⑤	⑥
⑦	⑧
⑨	⑩
⑪	⑫
⑬	⑭
⑮	⑯

問 2

出血の種類 3 つあげ，その特徴を述べてみましょう． ▶ p.25

出血の種類	特徴
①	②
③	④
⑤	⑥

問 3　止血法の種類 4 つあげ，その特徴を述べてみましょう．▶ p.26

止血法の種類	特徴
①	②
③	④
⑤	⑥
⑦	⑧

問 4　図①～⑧の止血点にあたる動脈名を記入してみましょう．▶ p.26

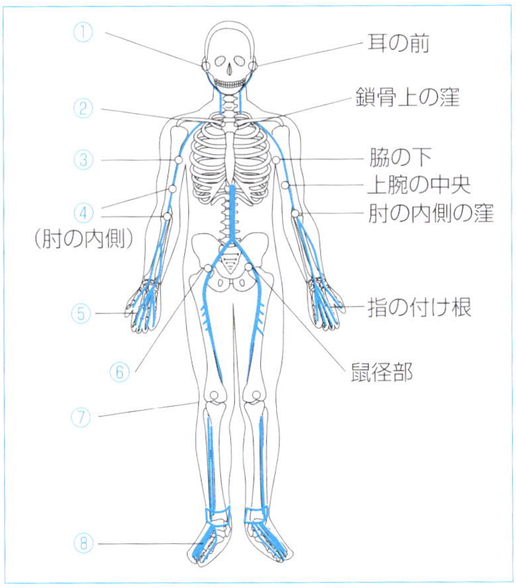

①	⑤
②	⑥
③	⑦
④	⑧

問 5　医師による治療が必要なケースを 8 つあげてみましょう．▶ p.31

・
・
・
・
・
・
・
・

問 6

アスレティックトレーナー自身がグローブを使用することのメリットとデメリットを整理してみましょう．▶ p.31-34

メリット

デメリット

問 7

創傷の処置の手順をまとめてみましょう．▶ p.27-29

問 8

水疱が破れた際の処置の手順をまとめてみましょう．▶ p.29-30

STEP 3

問 1

あなた自身が現在実践している感染予防をまとめ，今後さらに実践すべき感染予防について考えてみましょう．

現在実践している感染予防

今後さらに実践すべき感染予防

問 2　傷の処置に必要な備品をリストアップしてみましょう．

	備品名		備品名		備品名
1		8		15	
2		9		16	
3		10		17	
4		11		18	
5		12		19	
6		13		20	
7		14		21	

問 3　あなた自身，またはチームが所有しているトレーナーバッグの内容を確認してみましょう．

	分類	備品名	数量		分類	備品名	数量
1				16			
2				17			
3				18			
4				19			
5				20			
6				21			
7				22			
8				23			
9				24			
10				25			
11				26			
12				27			
13				28			
14				29			
15				30			

3 特殊な外傷の救急処置

STEP 1

問 1　肉離れについて，以下の ＿＿＿＿ に適切な語句を入れてみましょう．▶ p.36

1. 肉離れの好発部位は ＿＿＿＿＿＿＿＿ で，全体の 67% を占める．次いで ＿＿＿＿＿＿，＿＿＿＿＿＿，＿＿＿＿ など下肢に多い．

2. 肉離れの発生原因として，①筋肉の急激な ＿＿＿＿＿＿，②神経-筋 ＿＿＿＿＿＿ の異常，③筋肉に対し繰り返される ＿＿＿＿，④ ＿＿＿＿＿＿ との筋力のアンバランス，⑤筋肉の拘縮，⑥ ＿＿＿＿＿＿＿＿＿＿ 不足，⑦グラウンドの ＿＿＿＿＿＿，⑧筋疲労などがあげられる．

問 2　眼の外傷，トラブルについて，以下の ＿＿＿＿ に適切な語句を入れてみましょう．▶ p.42-43

1. 眼球を強く打撲すると，その圧力で眼窩壁に骨折を起こす．特に眼窩の下の壁が骨折しやすく（ ＿＿＿＿＿＿＿＿ ），その場合，眼球の ＿＿＿＿ の動きが制限され，受傷眼と非受傷眼の視線が一致しなくなり，物が上下に 2 つ見える症状が現れる．この症状を ＿＿＿＿ といい，緊急性はないが，1 ～ 2 週間以内に手術が必要となる可能性があり，早急に医療機関を受診させる．

2. 目にゴミなどの異物が入った場合は，こすらずに洗い流す．＿＿＿＿＿＿＿＿＿＿＿＿ 場合は異物の残留や感染の可能性が高いので，眼科を受診させる．

3. 眼に何かが刺さっているときは，無理に取ろうとせず，＿＿＿＿ や ＿＿＿＿＿＿＿＿ などで患部を保護し，包帯や三角巾で ＿＿＿＿ を覆い，傷病者を ＿＿＿＿＿＿＿＿ ようにして医療機関に搬送する．

4. 石灰や洗剤，薬品が目に入ったときは，異物が入ったほうの目を ＿＿ にして，流水ややかんなどで水を大量にかけて洗い流し，眼科を受診させる．

5. ＿＿＿＿ は紫外線によって角膜や結膜に急性の炎症が起こり，目を開けていられなくなった状態を指すが，室内でも ＿＿＿＿＿＿＿＿ などによって目を保護し，目を冷やして炎症を抑えるようにする．

問 3　動物による被害について，以下の ＿＿＿＿ に適切な語句を入れてみましょう．▶ p.44-46

1. マムシの毒にはコブラのような ＿＿＿＿ はごく ＿＿＿＿＿＿＿＿＿＿＿＿＿＿，そのまま呼吸が止まることはないので，咬まれてもあわてず，走ったりしないで，患部を ＿＿＿＿＿＿ ながら，できるだけ早く医療機関を受診させる．

2. 小動物に咬まれた場合，＿＿＿＿にはたくさんの雑菌が付着しており，中でも，酸素の少ないところで増殖する＿＿＿＿＿＿＿＿が多いため，深く咬まれると＿＿＿＿＿＿＿＿に嫌気性菌が残り，非常に高い確率でやっかいな創感染を引き起こす．＿＿＿＿＿＿＿＿の投与や＿＿＿＿＿＿＿＿＿＿が必要となるので，早期に医療機関へ送る．

3. スズメバチに刺された場合，1回目に刺されたときに感作され，2回目に刺されたときに＿＿＿＿＿＿＿＿，＿＿＿＿＿＿＿＿などの重篤な状態（＿＿＿＿＿＿＿＿＿＿＿＿＿＿・ショック）に急激に陥る人がいるため，スズメバチに刺されたことのある人は，アレルギー内科や皮膚科で＿＿＿＿＿＿＿＿＿＿＿＿の検査を受け，医師の指示を仰ぐべきである．

問 4

擦り傷，切り傷，刺し傷などについて，以下の＿＿＿＿＿に適切な語句を入れてみましょう．
▶ p.47-48

1. 擦り傷や切り傷はなるべく＿＿＿＿＿＿＿＿＿＿＿＿で患部を洗い，異物を除去する．なかなか取りにくい異物は＿＿＿＿＿＿＿＿＿＿＿＿＿＿＿＿＿＿＿＿，また，＿＿＿＿＿＿＿＿した状態でも，医療機関で処置を受ける．

2. 指を切断した場合，＿＿＿＿＿（最大＿＿＿＿＿）以内に医療機関で専門医の治療を受ければ，再接着できる可能性がある．切断した指は，優しく＿＿＿＿＿＿＿＿＿＿＿＿異物を取り除き，＿＿＿＿＿＿＿＿＿＿＿＿で包んで＿＿＿＿＿＿＿＿＿＿に入れ，＿＿＿＿＿する．密封したビニール袋を氷水（なければ冷水）で冷やし医療機関に搬送する．切断指が＿＿＿＿＿＿＿＿よう，氷のみで冷やすことはしない．

問 5

一酸化炭素（CO）中毒について，以下の＿＿＿＿＿に適切な語句を入れてみましょう．
▶ p.49-50

1. 原因は＿＿＿＿＿＿＿＿＿＿であり，CO は＿＿＿＿＿であるため，気づかれず，思わぬ事故に進展する．

2. CO の＿＿＿＿＿＿＿＿＿＿＿＿との結合力は酸素の 250 倍も＿＿＿＿＿＿＿ため，CO が＿＿＿＿＿＿＿＿と結びつくと，＿＿＿＿＿＿＿＿は酸素を運べなくなり，末梢組織が低酸素状態に陥る．

3. 低酸素状態に最も弱いのが脳であり，＿＿＿＿＿＿＿＿が進み，昏睡状態に陥って，＿＿＿＿＿が停止し死亡する．

4. 治療を受け，命をとりとめた場合でも，10～30% は，記銘力低下，人格変化，認知症などを呈する＿＿＿＿＿＿＿＿＿＿＿＿＿＿＿＿＿＿＿＿が現れる．

5. CO と結合したヘモグロビン（COHb）は，酸素と結合したヘモグロビン（O_2Hb）同様鮮紅色をしているため低酸素状態でも顔面は＿＿＿＿＿し，＿＿＿＿＿＿＿＿＿＿＿＿＿＿＿＿でも COHb と O_2Hb は区別できず，低酸素状態を探知できない．

6. 空気中の CO がなくなっても，COHb が減るには長時間を要し，治療には ＿＿＿＿＿＿＿＿ が最も効果的である.

STEP 2

問 1 筋けいれんの原因と予防法について，簡潔に説明してみましょう. ▶ p.35-36

原因

予防法

問 2 熱傷の重症度を，深さによって 3 段階に分けて説明してみましょう. ▶ p.38

・ ：
・ ：
・ ：

問 3 ショック症状の有無に注意し，早急に医療機関に搬送しなければならないのはどのような場合か，2 つあげてみましょう. ▶ p.38

・
・

問 4 熱傷を負った皮膚を冷やす場合の注意点について，簡単に説明してみましょう. ▶ p.38-39

・
・
・
・
・

問 5　凍傷に関する以下の設問について，答えてみましょう．

▶ p.40-41

発生要因

発生の傷病者側因子（なりやすい人，気をつけるべき人）

・
・
・
・
・
・
・
・
・

凍傷の症状がどのように進行していくか

・　：
　　：
・　：
　　：

・　：
　　：

問 6　落雷（電撃傷）の以下の事柄について，それぞれ簡潔にまとめてみましょう．

▶ p.48-49

落雷（電撃傷）による症状

・
・
・

電撃傷を避けるための予防法

・
・
・
・
・
・

4 患部の固定法

STEP 1

問 1

スポーツ現場で起こりうる外傷の患部固定の意義，方法の要点について，以下の＿＿＿＿に適切な語句を入れてみましょう．▶ p.51-59

1. スポーツ現場での救急処置における固定の主目的は，負傷した選手を医療機関へ搬送し，医師の管理下に置かれるまでの間に，＿＿＿＿＿＿＿＿させないようにすることである．あくまでも＿＿＿＿＿＿＿＿での損傷部位の固定を行うだけにとどめ，アスレティックトレーナーとしての訓練の範囲を超えた行為の内容に留意する必要がある．また，不適切な処置は，組織の＿＿＿＿＿＿＿＿や＿＿＿＿＿＿＿＿などの要因となる．

2. スポーツ現場での固定処置が必要となる場合は，おおよそ次のとおりである．＿＿＿＿が疑われる場合，＿＿＿＿，＿＿＿＿，＿＿＿＿＿＿など関節損傷が疑われる場合，筋挫傷や＿＿＿＿＿＿など軟部組織損傷が疑われる場合，頚部損傷が疑われ，頚椎アライメントを確保する必要がある場合などである．

3. スポーツ現場での固定処置の具体的な目的は，骨折部の＿＿＿＿防止，再脱臼防止，搬送時の損傷部位の動揺に伴う＿＿＿＿＿＿＿＿，搬送時の損傷部位の動揺に伴う＿＿＿＿＿＿＿＿，損傷部位の可動性制限による＿＿＿＿＿＿＿＿の確保などである．

4. 受傷部位固定の留意点は，少しでも骨折が疑われる場合は，骨折しているものとして処置することである．開放創がみられる場合は，＿＿＿＿＿＿＿＿で固定する，露出した骨端部は＿＿＿＿＿＿＿＿した後に覆う．固定した場合は，＿＿＿＿＿＿＿＿が保たれているか脈を確認する．また，骨折端や脱臼部位の＿＿＿＿を試みてはいけない．

5. 頭部・脊椎外傷に際しては，基本的に＿＿＿＿＿＿＿＿＿＿＿＿が原則である．しかし，＿＿＿＿＿＿＿＿場合や＿＿＿＿＿＿＿＿＿＿＿＿などその場で十分な安全確保が困難と判断される場合に限り，心肺蘇生法が実施できるように迅速に選手をしかるべき場所へ搬送したり，体位を変換する必要がある．

6. ログロールをする場合は最低＿＿名のスタッフで選手を反転させる．バックボードなどで脊柱管理する場合は，まず＿＿から固定し，次に＿＿＿＿，＿＿＿＿を固定する．ヘルメットを着用する競技の選手が脊椎損傷を疑う外傷を負った場合，特別な理由が存在しない限りは＿＿＿＿＿＿＿＿はならない．

7. 固定をするための副子やシーネは，患部を中心とした上下の関節に達する十分な＿＿＿＿と＿＿，＿＿＿＿＿＿＿＿があるものを使用する．

STEP 3

問 1

弾性包帯を用いて，肩関節固定をしてください．また，実際にアイスパックを用いながら，固定力や固定にかかる時間を計ってみましょう． ▶ p.54

問 2

三角巾と副子を用いて，アキレス腱断裂の固定を体験してください．副子は身の回りにあるもの（板，段ボールなど）で応用して行ってみましょう． ▶ p.57

5 運搬法（選手の移動）

STEP 1

問 1

選手の運搬をする際の留意点について，以下の ＿＿＿＿ に適切な語句を入れてみましょう．
▶ p.60–66

1. 運搬時の留意点として，＿＿＿＿，＿＿＿＿，＿＿＿＿ のプロセスを事前に十分考慮する必要がある．

2. 運搬時の確認事項は，選手の倒れている ＿＿＿＿，ケガした選手の ＿＿＿＿，＿＿＿＿ を具体的に確認して，必要な準備を行う．

3. 運搬をする際は確認事項に応じて，補助者の人数や運搬器材の選択を的確に行い，安全な運搬を行う．運搬を複数で行う場合は，＿＿＿＿＿＿＿＿ を決め，＿＿＿＿＿＿＿＿ がそれぞれの役割分担を指示し，＿＿＿＿＿＿＿＿ や ＿＿＿＿＿＿＿＿ の情報も伝える．

4. 上肢に力が入らない選手を一人で長距離運ぶ場合の運搬方法は ＿＿＿＿＿＿＿＿＿＿＿＿ や ＿＿＿＿＿＿＿＿＿＿＿＿ が適している．

5. 複数の人で運ぶ場合は，多くの運搬応援者が増えた分だけ，一人にかかる負担が ＿＿＿＿ される．また安全性も一人で運搬するよりもはるかに ＿＿＿＿ する．しかしながら，搬送する際は，選手に動揺が加わらないようにするため，意思統一が重要である．

6. 階段などの段差がある場合は，＿＿＿＿＿＿＿＿＿＿＿＿ ため，のぼりの場合には ＿＿＿＿ を先頭に，下りの場合は ＿＿＿＿ を先頭に向けて搬送する．

STEP 3

問 1

ヒューマンクラッチでの運搬方法をピッチ場 40m 移動することをイメージし体験してみましょう．
▶ p.61

問 2

複数のトレーナーと協力し，ハンモックキャリーでの運搬法を体験してみましょう． ▶ p.62

問 3

布製担架での運搬を救助者 4 名の場合と 2 名の場合で体験してみましょう．その際に，すべての人がリーダーとなり指示を出すように行いましょう．▶ p.62

D 緊急時の救命処置

1 心肺蘇生法

STEP 1

問 1

心肺蘇生法の必要性と基礎知識について，以下の ＿＿＿＿ に適切な語句を入れてみましょう．
▶ p.67-70

1. 心肺停止となった傷病者の第 1 発見者を ＿＿＿＿＿＿＿＿ といい，第 1 発見者は 1 次救命処置を迅速に行う必要がある．

2. 心臓が停止した直後は ＿＿＿＿＿＿（ ＿＿ ）や無脈性心室頻拍（無脈性 VT）になっていることが多いが，血流が停止した状態で時間が経過するにつれて，電気ショックへの反応が悪くなり，最終的には電気ショックの効果が得られない ＿＿＿＿＿＿（ ＿＿＿＿＿＿ ）となる．そうなると除細動では治すことは不可能になり，＿＿＿＿＿＿＿＿ が必要となる．

3. 心室細動によって心臓から血液が拍出されないために，＿＿＿＿ への血流の拍出がなくなり，電気的除細動を迅速に行わなければ心拍再開の確率が 1 分間で ＿＿ ～ ＿＿ %低下していく．

問 2

救命の連鎖の空欄に該当する語句を入れ，スポーツ現場におけるそれぞれの実施者をあげてみましょう．▶ p.68

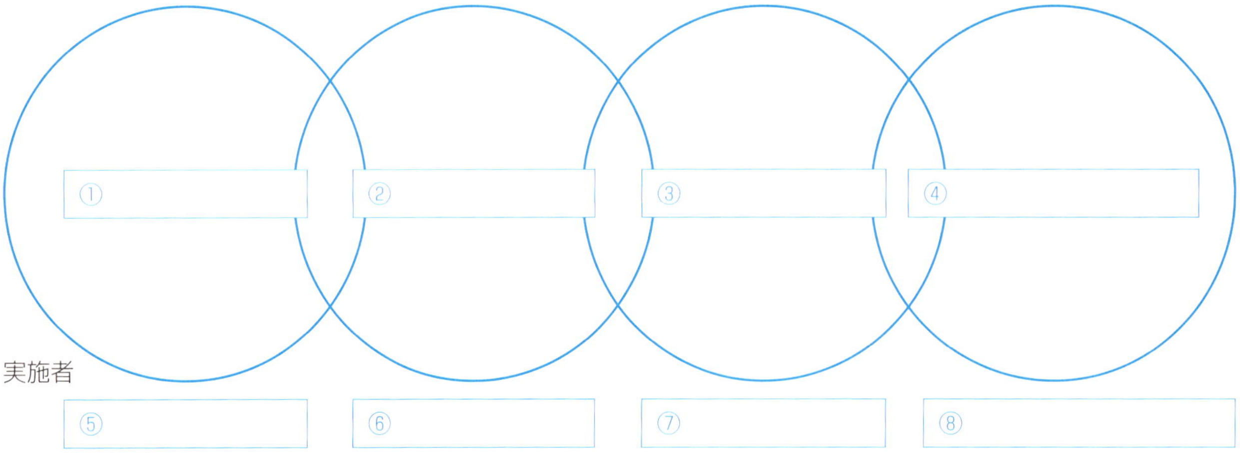

問3 心肺蘇生法の年齢別比較表の空欄に適切な手技を入れてみましょう．▶ p.81

<table>
<tr><th colspan="2"></th><th>成人（8歳以上）</th><th>小児（1～8歳未満）</th><th>乳児（1歳未満）</th></tr>
<tr><td colspan="2" rowspan="2">通報</td><td>反応がなければ大声で協力者を呼ぶ</td><td colspan="2">救助者が1人だけの場合，心肺蘇生法を2分間実施してから協力者を呼ぶ</td></tr>
<tr><td colspan="2">①</td><td>119番通報</td></tr>
<tr><td colspan="2">気道確保</td><td colspan="3">頭部後屈顎先挙上法</td></tr>
<tr><td colspan="2">心肺蘇生開始の判断</td><td colspan="3">普段通りの息（正常な呼吸）をしていない</td></tr>
<tr><td colspan="2">人工呼吸</td><td colspan="3">約1秒かけて ② 回吹き込む，胸が上がるのが見えるまで</td></tr>
<tr><td colspan="2">（省略可）</td><td colspan="2">口対口</td><td>口対口鼻</td></tr>
<tr><td rowspan="4">胸骨圧迫</td><td>圧迫の位置</td><td colspan="2">胸の真ん中（両乳頭を結ぶ線の真ん中）</td><td>両乳頭を結ぶ線の少し足側</td></tr>
<tr><td>圧迫の深さ</td><td>③ cm程度</td><td colspan="2">胸の厚みの1/3</td></tr>
<tr><td>圧迫のテンポ</td><td colspan="3">1分間に約 ④ 回</td></tr>
<tr><td>胸骨圧迫と人工呼吸の比</td><td colspan="3">⑤ ：2</td></tr>
<tr><td rowspan="4">AED</td><td>装着のタイミング</td><td colspan="2">⑥</td><td rowspan="4">⑧</td></tr>
<tr><td rowspan="2">電極パッド</td><td rowspan="2">成人パッド</td><td>小児用パッド</td></tr>
<tr><td>（ない場合は成人用）</td></tr>
<tr><td>電気ショック後の対応</td><td colspan="2">⑦</td></tr>
<tr><td rowspan="2">気道異物による窒息</td><td>反応あり</td><td colspan="2">腹部突き上げ法
背部叩打法</td><td>背部叩打法
（片腕にうつぶせ乗せ）</td></tr>
<tr><td>反応なし</td><td colspan="3">通常の心肺蘇生の手順</td></tr>
</table>

STEP 2

問 1　AED 使用する際の以下の場合の注意点を，それぞれ簡単に説明してみましょう．▶ p.75-77

身体が濡れている

ペースメーカーがある

胸毛が多い

STEP 4

問 1

心肺蘇生法フローチャートの空欄に，適切な手技を入れてみましょう． ▶ p.71

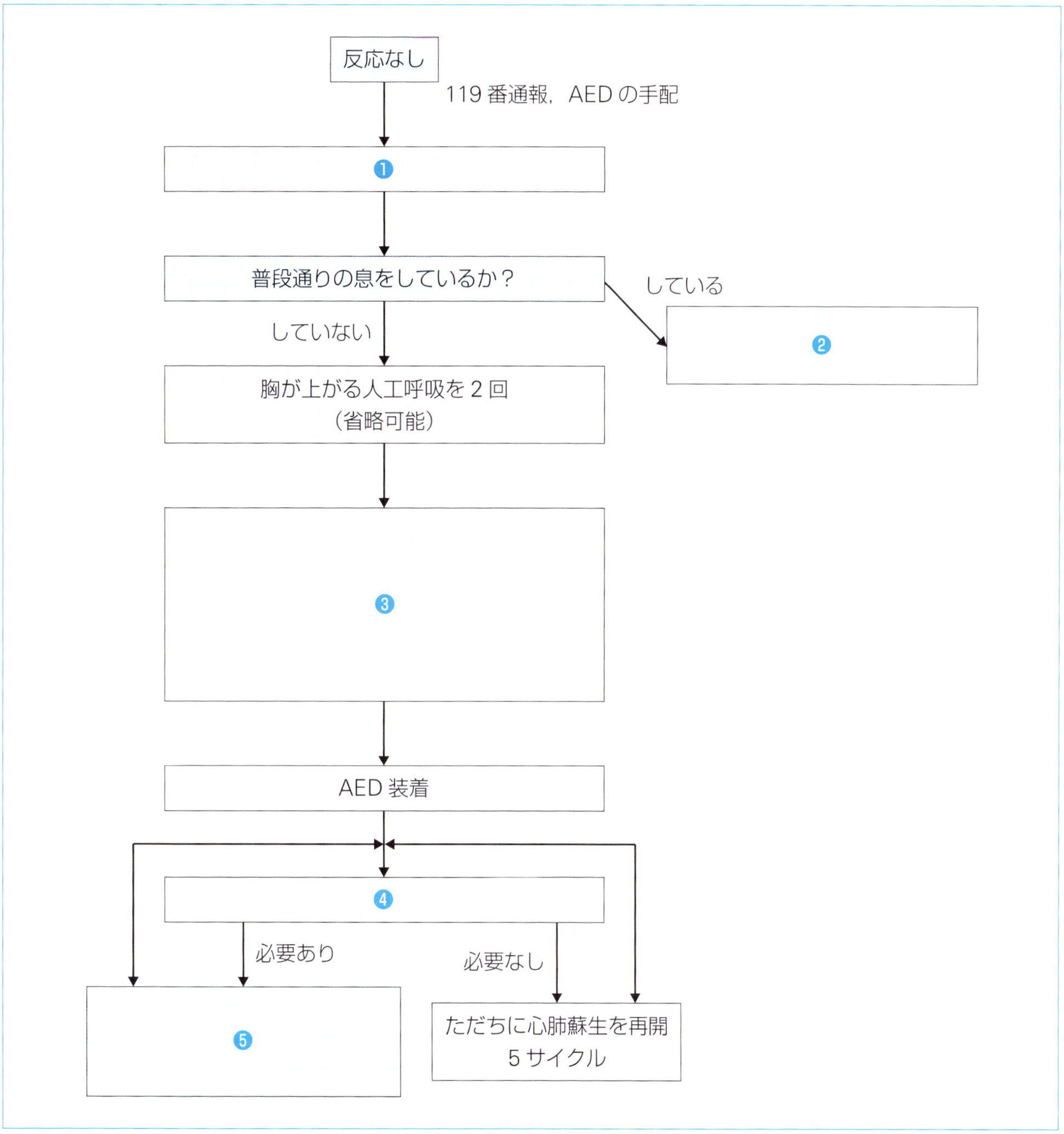

❶

❷

❸

❹

❺

2 頭頸部・脊椎外傷時の救急処置

STEP 1

問 1　頭部外傷の対応について，以下の ______ に適切な語句を入れてみましょう．

▶ p.83-90

1. 頭部外傷の病態は， ______ に影響が及ぶかどうかで大きく異なる． ______ に影響を及ぼす外傷例は， ______ ， ______ ， ______ ， ______ ______ などの頭蓋内血腫である．

2. 脳損傷の力学的発生機序は，主に陽圧による ______ ，陽圧と陰圧による ______ ，角加速度による ______ がある．頭部に衝撃が加わると頭蓋骨と脳の間に回転性の加速度が加わり，脳と頭蓋骨をつないでいる ______ などが切れて出血する．

3. スポーツ現場で救急の場面では意識障害レベルと脳震盪の症状から判定するが大変難しいので，現場では大まかに行い，詳細な判定と検査は ______ で行うべきである．少しでも異常を感じたら，躊躇なく救急車を要請する．頭部外傷の場合， ______ と合併する場合があるため，まず ______ に意識の確認をするなど十分な注意を要する．

4. ______ と ______ は意識障害の分類と評価の指標の代表的なものである．

5. 比較的軽度の頭部外傷でも直前に外傷を受けていると， ______ のため，高度の障害に至ることがある．これを ______ という．受傷後の復帰については，脳震盪の管理法と ______ の判断を必ず仰ぐ．

問 2　頸部外傷（脊椎外傷）の対応について，以下の ______ に適切な語句を入れてみましょう．

▶ p.90-95

1. 選手が倒れている場合，まず揺り動かさず ______ ， ______ ， ______ を速やかに判定する．

2. 現場における判定方法は，動かさず声かけし，反応がなく ______ があり，意識はあるが ______ がある場合は直ちに救急車の要請，意識消失および ______ がない場合は，自力で起き上がるよう指示する．

3. 脳，脊髄損傷が疑われる場合，原則として ______ を除き動かしてはならない．仕方なく動かす場合は，頚部を固定してから責任者の指示のもと行う．その場合，運搬に使用するスパインボードや担架は， ______ ではなく，必ず ______ を使用する．

4. 頸椎捻挫で上肢を中心とする神経根症状が強い場合を，＿＿＿＿＿＿＿＿＿＿という．対応としては，RICE 処置を行い，経過観察をする．その後，＿＿＿＿＿や＿＿＿＿＿＿＿＿＿＿がない場合は復帰を許可する．痛みが引かず，症状が変化なし，あるいは悪化するようであればプレー復帰は不可である．

5. 脳震盪後，選手を自宅に帰らせる場合は，可能な限り＿＿＿＿＿＿＿＿＿＿をつける．帰宅後に異変を感じたら躊躇なく医療機関で検査を受ける．睡眠中，＿＿＿＿＿＿＿＿＿＿したり，＿＿＿＿＿＿＿＿＿＿て目を覚まさない場合は直ちに救急車を要請する．

STEP 2

問 1

現場での脳震盪，頚椎損傷疑いの場合の評価について，①〜㉔に具体的な項目を入れてみましょう．

▶ p.86-87

脳震盪，頚椎損傷の現場評価

意識レベルの確認

	Grade 1				Grade 2		
	直後	5 分	10 分	15 分	30 分	60 分	90 分
意識消失の有無							
①							
②							
③							
④							
⑤							

※意識消失が数秒でも生じた場合，プレーに復帰させてはならない

症状の確認

頭痛はある？							
⑥							
⑦							
⑧							
⑨							

感覚障害の確認

⑩							
⑪							
⑫							

※触診は，左右対称に行い，片側，もしくは両側の麻痺が疑われる場合，絶対に動かさずに救急車を要請する

運動障害の確認

手を握って							
⑬							
⑭							
⑮							
⑯							
⑰							
⑱							

運動機能の確認

頭を自分で支えられる？							
⑲							
⑳							
㉑							
㉒							

プレー復帰の確認

㉓							
㉔							

STEP 3

問 1

選手が倒れている状況のシミュレーション，JCS1～2，脳震盪 grade1 を想定して，駆けつけるところから復帰確認まで一連の評価を体験してみましょう． ▶ p.86

問 2

ネックロック装着をし，スパインボードへの乗せ方を体験してみましょう． ▶ p.96

問 3

うつ伏せで倒れた状態からの仰向けにする方法を体験してみましょう． ▶ p.96

STEP 4

問 1

脳震盪，脊椎損傷時の対応計画について，フローチャートの空欄に適切な語句を入れてフローチャートを完成させてみましょう． ▶ p.88

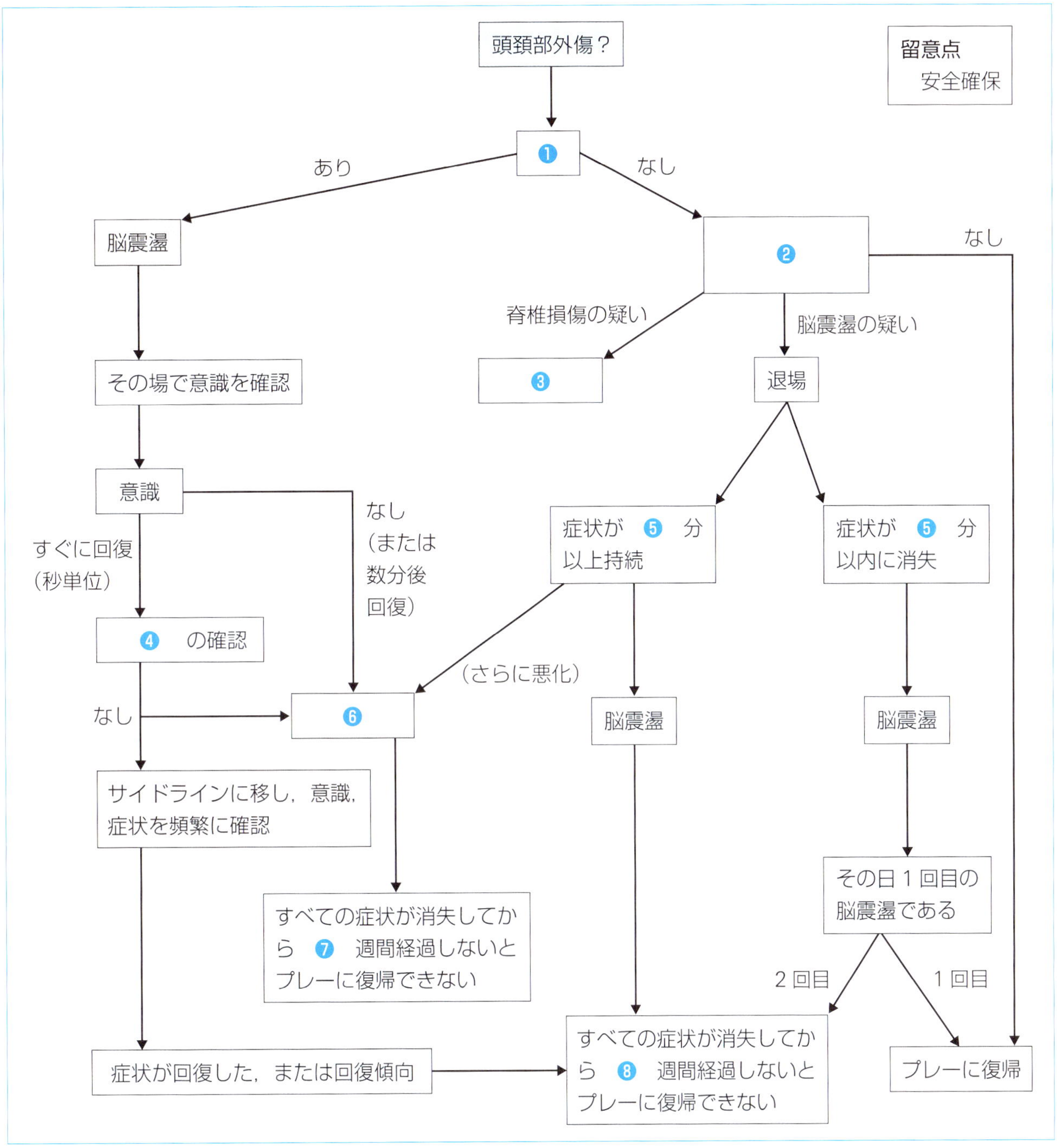

❶

❷

❸

❹

❺

❻

❼

❽

E 内科的疾患の救急処置

1 暑熱による障害（熱中症）

STEP 1

問 1 熱中症の発生要因について，以下の表を完成させてみましょう． ▶ p.101

環境要因	• 高温，[①]，[②]，[③] • [④]，防具，急に暑くなった日
固体要因 （体温調節能）	• 脱水（[⑤]，[⑥]），[⑦]，[⑧]など • 高齢者，[⑨]，[⑩]，低体力 • 暑熱馴化できていない • [⑪]不良・[⑫]不足
熱産生量	• [⑬]，時間

問 2 熱中症の重症度の判断について，以下の ______ に適切な語句を入れてみましょう． ▶ p.101-102

1. 重症度の判断：重症の場合はただちに ______ を要請する．

2. 重症：体温調節機構が破綻し，______ を含めた全身の ______ をきたした状態．______ や重要臓器の細胞破壊から，ショック，肺水腫，______，肝不全などを起こす．体温が下がってからも病態が進行するので，経過観察が必要．______，______，______，______（______・______）のうち１つでもあれば，重症と考える．

3. 中等症：______ による循環障害があるが，______ は保たれ，______ もない．______，______，______，______，______，______，______，______ などの自覚症状があり，血圧が低下し，______ 脈となる．______ な皮膚，多量の ______ などがみられる．

4. 軽症：______ による四肢や腹筋などのけいれん，および，______ による一過性の血圧低下．

問 3 熱中症への対処について，以下の ______ に適切な語句を入れてみましょう． ▶ p.102-103

1. 熱中症の手当：発症から ______ 分以内の手当てが必要とされているので，ただちに手当てを開始する．

2. ______ 環境への避難．

3. 体位：顔色が ＿＿＿＿ で脈が ＿＿＿＿ 場合は，仰向けに寝かせ，足を約 30° 挙上．「体位」のみで回復しない場合は重症と考える．

4. 水分摂取：「体位」のみで問題がなければ，水分を摂取させる．＿＿＿＿，＿＿＿＿ 場合は無理に飲ませてはならない．四肢や腹筋のけいれんがある場合（熱けいれん）は，＿＿＿＿（＿＿＿＿）を飲ませる．＿＿＿＿ で水分がとれない場合は救急車を要請する．

5. 衣服：体を冷却しやすい状態にする．意識障害があって相手が理解できない場合も，＿＿＿＿，＿＿＿＿ を怠ってはならない．

6. 冷却：露出させた ＿＿＿＿ に霧吹きなどで水をかけ，うちわや扇風機などで扇ぐ（水は ＿＿＿＿ または ＿＿＿＿）．氷嚢，アイスパックなどを，＿＿＿＿，＿＿＿＿（＿＿＿＿），＿＿＿＿ に当てて皮膚の直下を流れている血液を冷やす．意識が回復し，＿＿＿＿ まで続ける．

STEP 4

問 1

熱中症発生のメカニズムについて，次の図を完成させてみましょう． ▶ p.101

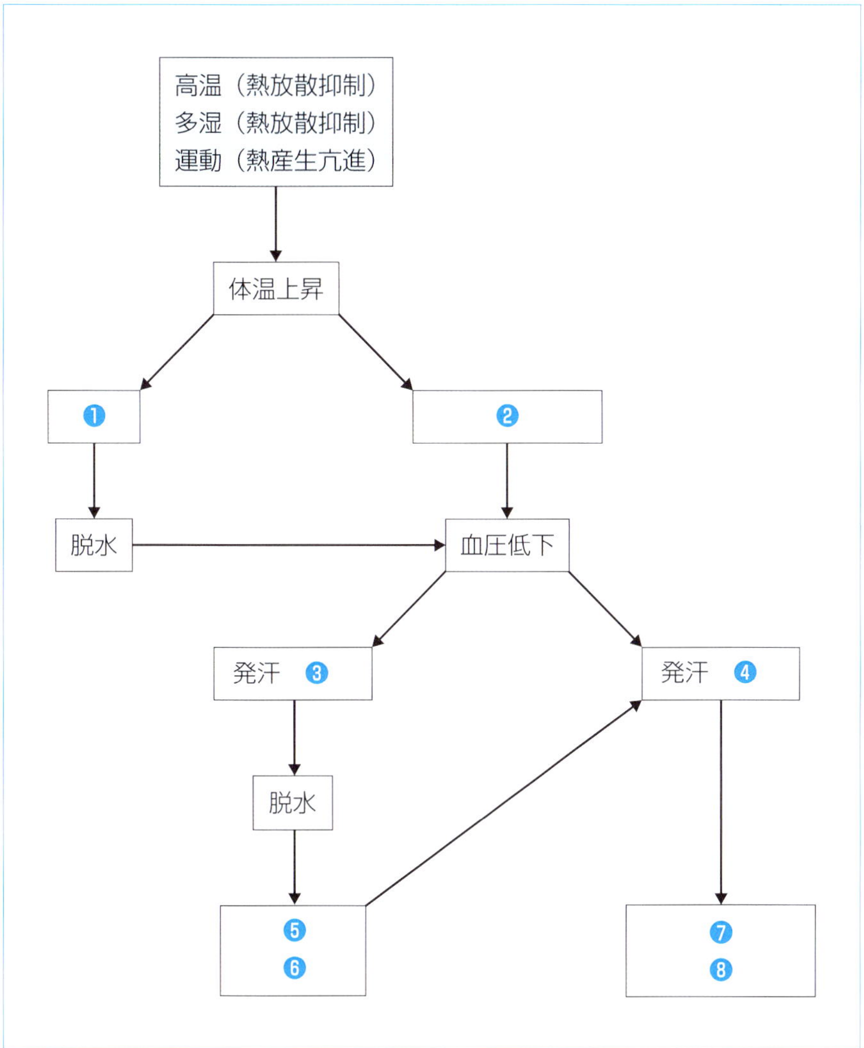

❶ ＿＿＿＿

❷ ＿＿＿＿

❸ ＿＿＿＿

❹ ＿＿＿＿

❺ ＿＿＿＿

❻ ＿＿＿＿

❼ ＿＿＿＿

❽ ＿＿＿＿

2 寒冷による障害

STEP 1

問 1

寒冷による障害について，以下の ＿＿＿＿ に適切な語句を入れてみましょう． ▶ p.104-105

1. 危険な症状：特に ＿＿＿＿ 環境では症状の進行が著しく早く，＿＿＿＿ が低下し，＿＿＿＿ ができなくなり，よろよろと歩行し，＿＿＿＿ などの反応が鈍くなり出したときは危険な状態であり，一刻も早く体温を回復する手段を施さなければならない．

2. 凍傷：組織の温度が ＿＿ ℃以下になると，＿＿＿＿ に氷の結晶ができ始め，細胞内が ＿＿＿＿ となる．高所登山では高所適応と脱水のため血液 ＿＿＿＿ が高まりやすいので，血液濃縮によって ＿＿＿＿ を生じやすく，局所の血流障害が起こる．さらにいったん途絶えた血流が再開したときに起こる ＿＿＿＿ が組み合わされたのが，凍傷の病態と考えられる．

3. 凍傷の対処：全身の低体温と ＿＿＿＿ に対処する．一刻も早く医療機関で治療を受ける必要があるが，現場で対処せざるをえない場合は，正確に ＿＿ ～ ＿＿ ℃に保った ＿＿＿＿ につけて，ゆっくりと ＿＿＿＿ をさせながら，一気に，完全に解凍する．＿＿＿＿，＿＿＿＿，＿＿＿＿，＿＿＿＿ ことはいずれも禁忌である．

STEP 2

問 1

低体温のメカニズムの熱放散の 4 パターンと，それぞれにおいて低体温に至る主な要因の例を説明してみましょう． ▶ p.104

パターン	主な要因の例
①	②
③	④
⑤	⑥
⑦	⑧

3 過換気状態

STEP 1

問 1

過換気状態について，以下の ＿＿＿＿ に適切な語句を入れてみましょう． ▶ p.106-107

1. 過換気は，さまざまな ＿＿＿＿ によって起こるものであり，安易な対応は危険である．

2. 過換気によって肺胞中の ＿＿＿＿ が ＿＿＿＿ すると，動脈血中の ＿＿＿＿ が ＿＿＿＿ し，水素イオン濃度が低下して，動脈血のpHは酸性からアルカリ性の方向へとシフトする（＿＿＿＿）．二酸化炭素濃度が低下し ＿＿＿＿ が起こると，脳血管は ＿＿＿＿ し，＿＿＿＿ から混迷，めまい，感覚異常などさまざまな ＿＿＿＿ が現れる．

3. スポーツの現場では，特に病気のない者が，＿＿＿＿ となったときに，発作的に ＿＿＿＿ を引き起こすことがあり，各種症状が不安や緊張などをさらに強め，＿＿＿＿ が強くなって，さらに呼吸を ＿＿＿＿ するという悪循環に陥る．

4. ＿＿＿＿ は器質的疾患がある場合にはマイナスであり，他に方法がないわけではないので緊急避難的行為にもあたらず，診断のついていないケースで使うことは ＿＿＿＿ を意味するため，医師以外が行ってはならない．

STEP 2

問 1

過呼吸状態をみたときに，どのような症状があれば，緊急性の高い疾患を考えなければならないでしょうか，簡潔に説明してみましょう． ▶ p.106-107

4 ショック

STEP 2

問 1

「ショック」のサインとして知られる 5P とは何のことか，説明してみましょう． ▶ p.108

・	：
・	：
・	：
・	：
・	：

問 2

「ショック」の原因について，簡単にまとめてみましょう． ▶ p.108-109

・

・

・

・

・

・

問 3

「ショック」状態では，どのような体位をとるべきでしょうか，また「下肢挙上」してはいけないのはどのような場合か簡潔に述べてみましょう． ▶ p.109-110

体位

下肢挙上をしてはいけない場合

5 その他（スポーツでよくみられる内科的疾患）

STEP 1

問 1

発熱について，以下の＿＿＿＿に適切な語句を入れてみましょう．▶ p.111

1. 解熱剤は，一時的に体温の＿＿＿＿＿＿＿＿を正常化する＿＿＿＿＿＿であり，原因に対する治療ではないことを忘れてはならない．＿＿＿＿＿＿に対処するために医療機関を受診する．体温を下げることは＿＿＿＿＿＿＿を助け，体力消耗を抑えてくれるが，38℃未満の微熱で食事もとれていれば，解熱剤は基本的に＿＿＿＿＿である．また，市販の薬剤には＿＿＿＿＿＿＿＿が含まれていることが多く，注意を要する．

2. 発熱時には呼気からの水分喪失も増え，食事がとれなかったり，下痢や嘔吐も加わったりと，＿＿＿＿＿＿になりやすいので，スポーツドリンクなどで水分補給に留意する．

3. 全身症状を強く伴っている場合，かぜ症候群の後 10 日以内に胸痛，不整脈，心不全などを発症する＿＿＿＿＿＿＿＿＿などの可能性もあるため，十分な回復の後＿＿～＿＿日間は活動を控えることが望ましい．

STEP 2

問 1

緊急性の高い次の 4 つのタイプの頭痛について，それぞれ原因疾患をまとめてみましょう．
▶ p.111-112

意識障害のあるもの

突然起こるもの

神経症状を伴うもの

髄膜刺激症状を伴うもの

問 2

回転性めまい，動揺性めまい，失神性めまいの特徴的な症状，主な原因，緊急性の高い場合について，簡単に説明してみましょう．▶ p.112-113

回転性めまい

- 特徴的な症状：
- 主な原因：
- 緊急性の高い場合：

動揺性めまい

- 特徴的な症状：
- 主な原因：
- 緊急性の高い場合：

失神性めまい

- 特徴的な症状：
- 主な原因：
- 緊急性の高い場合：

問 3

狭心症と心筋梗塞の違いについて，簡潔に説明してみましょう．▶ p.113

狭心症

心筋梗塞

問 4

緊急性の高い胸痛とはどのような場合か，４つあげてみましょう． ▶ p.113

・
・
・
・

問 5

呼吸困難で救急車を要請すべきなのはどのようなときか，あげてみましょう． ▶ p.113

問 6

喘息と気胸の特徴的な症状について，それぞれ簡単にまとめてみましょう． ▶ p.114

喘息

気胸

問 7

内臓出血を疑うべき症状と，スポーツに関連する原因について，簡潔に説明してみましょう．
▶ p.114

症状

・
・
・

など

原因

・
・
・
・
・

など

問 8

腹膜刺激症状はどのようにして確認するか，また，それがみられたときはどのようなことが起こっていると考えられるか，簡単に説明してみましょう．▶ p.114-115

問 9

腹痛が強い場合にはどのような体位をとらせるべきでしょうか，簡単に述べてみましょう．▶ p.115

問 10

高山病で緊急性が高い症状について，また，その場合の対処法について，簡単に説明してみましょう．▶ p.115

症状

・

・

・

など

対処法

F 現場における救急体制

1 救急体制の重要性と計画

STEP 2

問 1　あなたの専門とする競技種目をあげ，救急体制を確立するための手順とその留意点を記述してみましょう．▶ p.117-126

競技種目名：

救急体制手順	留意点
①	②
③	④
⑤	⑥
⑦	⑧
⑨	⑩
⑪	⑫

2 事故発生時のフローチャート

STEP 3

問 1

スポーツ現場での事故発生時のフローチャートの続きを作成してみましょう. ▶ p.121-126

競技種目名：

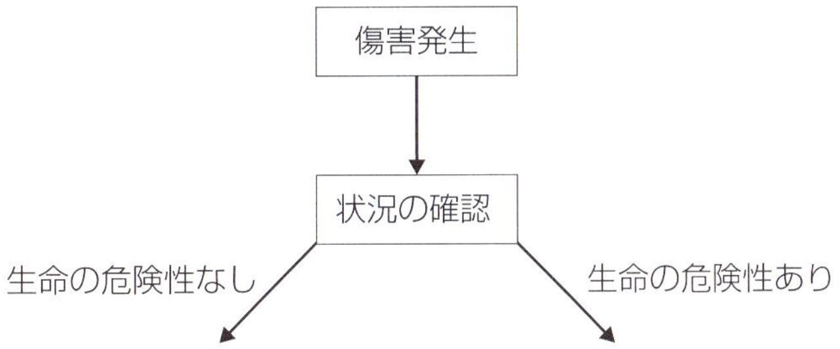

3 各種救急処置用器材および用品に関する知識とその利用法

STEP 3

問 1

大会時のトレーナーステーションを行う際の物品リスト表を作成してみましょう. ▶ p.127–144

競技名：
大会規模：
対象：

品名	規格	数

品名	規格	数

問2

自身がかかわる競技で想定できる傷害をリストアップし，その受傷機転を記述してみましょう．

▶ p.132-144

競技名：

予想される傷害名	予想されるその傷害の受傷機転

解答編

A 救急処置の基本的知識

1. 救急処置の重要性

STEP 1

問 1

1. 4 バイスタンダー 救急隊員 8 医師, 2. 脳 酸素 血液 6, 3. 医師 アスレティックトレーナー 選手 アスレティックトレーナー 基本的な救急処置 現場における救急体制 救急用具や備品

2. 救急処置実施者の心得

STEP 1

問 1

1. 安全 2 次事故の防止, 2. 医薬品, 3. 医師などに引き継ぐ, 4. 医師の診察, 5. 死亡の判断

STEP 2

問 1

1 次救命処置（BLS）

1 次救命処置とは，心肺蘇生法，AED を用いた除細動，異物で窒息をきたした場合の気道内異物除去の 3 つをいう

2 次救命処置（ACLS）

2 次救命処置とは，高度な医療資材を用いて医療従事者が行う処置のことをいう

3. 救急処置の基本的留意点

STEP 2

問 1

ただちに処置が必要な場合

傷病者が意識障害，気道閉塞，呼吸停止，心停止，大出血，ひどい熱傷，中毒のような状態に陥った場合

トリアージ

傷病の緊急度，重症度によって傷病者を選別し，処置の優先順位を決定すること

足を高くした体位，上半身を高くした体位，水平に寝かせた体位の選択条件

傷病者が楽になるような体位の原則は水平に寝かせることである．ただし，顔面蒼白のときは足を高くした体位を，また顔色が赤いときは上半身を高くした体位をとらせる

回復体位の有効性

回復体位を保つことにより，気道がよく観察でき，処置が容易になるとともに，口からの液状物が流出しやすくなる

B スポーツ現場における救急処置

1. スポーツ現場における救急処置を学ぶ意義

STEP 1

問 1

① bystander, ②主にアスレティックトレーナー, ③日常生活場面, ④スポーツ現場, ⑤想定可能, ⑥必要, ⑦競技復帰まで, ⑧事前準備する

2. 事故時の緊急対応計画と評価手順（フローチャート）

STEP 2

問 1

緊急対応計画

事故や外傷が発生する前にさまざまな状況を想定し，それらに対応する具体的行動計画を明文化したもの．想定される緊急時に，誰に対応の責任があって，どのような手順で，何をするのかという役割を事前に決めておくことで，実際の緊急時に混乱が生じるのを防ぐことを目的としている

評価手順（フローチャート）

外傷や緊急事故が発生したときにどのように状況を把握し，どのように行動するかという具体的な判断基準と，それらに基づいて行う対応の手順のこと

3. スポーツ現場での外傷，障害の評価とその手順

STEP 1

問 1

1. 評価 救急処置 続行させられる状態, 2. 緊急事態の有無 受傷部位と損傷程度

STEP 2

問 1

history（聴取）：医師が行う問診に相当する項目．外傷，障害の受傷機転や主訴を中心に，既往歴なども聴き取る

observation（観察）：医師が行う視診に相当する項目．明らかな変形や腫脹，変色，創の有無などを観察する

palpation（触察）：医師が行う触診に相当する項目．圧痛や観察では明らかにならない変形，腫脹や熱感などを手で触れることによって確認する

stress test（負荷検査）：聴取，観察，触察において骨折や脱臼などのような人体構造に大きな破綻が確認されない場合に，受傷部位の可動域と筋力，動きに伴う痛みの有無を評価する

special test（特殊検査）：外傷，障害を特定するための検査で，関節の動揺性検査や痛みの誘発検査などがある

C 外傷時の救急処置

1. 皮膚などに傷のないけがの処置

STEP 1

問 1

1. 炎症反応 2 次的低酸素症 酸欠状態 内出血 循環障害 酸素欠乏状態 内出血

問 2

1. 収縮 制限 感覚麻痺 可動域制限 2 次的低酸素症

問 3

1. 20 45, 2. 10 12 3 5 20, 3. 1 2 24 72

STEP 2

問 1

転倒や衝突などの 1 回の外力により組織が損傷されることで，受傷機転が明確であることはほとんどである．組織の損傷を起こす外力には，打撲などのように直接的な外力を受ける直達外力と靱帯損傷などのように間接的な外力を受ける介達外力がある

問 2

組織レベルの反応

・異物に対する生体反応 ・修復開始のために壊死した，または壊死しつつある組織の排除 ・正常な組織の再生促進

炎症の徴候

・発赤 ・熱感 ・腫脹 ・疼痛 ・機能障害

問 3

外傷によって過度に炎症が起こると患部とその周囲の細胞の代謝レベルは上がり，それによって多くの酸素や栄養素が必要となる．組織の損傷により十分な酸素や栄養素の供給ができなくなっているため，2 次的低酸素症の状態になり 2 次的外傷性損傷を拡大させることになる．また，アイシングによって得られる，炎症の軽減，疼痛の軽減，機能障害などを最低限に抑えるといった効果を得られず，2 次的外傷性損傷の原因を生じさせることになる

問 4

① rest, ②安静, ③運動を中止することで全身の血液循環を抑えて患部への血流量を減らすとともに，患部を固定することで，損傷部位の動揺を防ぎ局所的な安静を図るために行う, ④ ice, ⑤冷却, ⑥患部を冷却することで，炎症によって過剰に高まった局所の熱感を下げる．また，冷却によって血管を収縮させることで血流量を減らすとともに，低温にすることで細胞の活動が緩やかになるため酸素・栄養素の必要量が低減される, ⑦ compression, ⑧圧迫, ⑨圧迫は，損傷した細胞や毛細血管から細胞液や血液が漏出する現象（内出血）を抑える効果がある．圧迫することによって大量に血液が流れ込むのを抑制するとともに，血液が残留するのを防ぐのである．しかし，血管や神経を圧迫しすぎて血行障害や神経障害を引き起こさないように注意しなければならない, ⑩ elevation, ⑪挙上, ⑫患部を心臓より高く上げることで，物理的に患部への血流を緩やかにし，患部からの静脈の流れを促進する効果がある．そのため，患部の内出血が抑えられる

問 5

・冷却媒体の温度・種類 ・冷却時間 ・圧迫の度合

問 6

・冷却刺激によって湿疹（寒冷蕁麻疹）が出る人 ・冷却刺激によって末梢の血流が低下しチアノーゼ状態（レイノー現象）になる人 ・肘関節や腓骨頭付近など神経が皮膚表層付近にある部位

2. 皮膚などに傷のあるけがの処置

STEP 1

問 1

1. 止血作用 機械的な血管の収縮 4 5 収縮 血小板の凝集 凝固因子の作用 凝固

作用（凝固因子の連鎖反応） 線維素網（血栓），2．治癒 肉芽形成期 マクロファージ 線維芽細胞 コラーゲン 肉芽組織 肉芽組織 血管新生 毛細血管発達

STEP 2

| 問 1

①切創，②ナイフやカミソリ，割れたガラスのような鋭い刃物などで切り裂いた線状の損傷で，創面は滑らかで，組織の挫滅は少ない，③裂創，④打撃やひねり，過度な伸展などによって皮膚が裂けた損傷，⑤割創，⑥打撃などによって皮膚の表面が割れた傷，⑦挫創（挫傷），⑧打撃などの外力により組織が挫滅した傷，⑨擦過創（擦過傷），⑩転倒などによる強い皮膚の摩擦により生じ，傷そのものはそれほど深くないが，広い範囲で皮膚が欠損し，痛みが強く，不透明な組織液がにじみ出てくることがある，⑪刺創，⑫細長く，先の尖った鋭利な物体で突き刺した傷で，創口に比べて創が深いのが特徴である，⑬咬創，⑭動物に咬まれた傷．感染症の確率が高い，⑮銃創，⑯銃器の弾丸や火薬による創

| 問 2

①毛細血管性出血，②浅い切り傷や擦り傷で，血がにじむように出てくる浸潤性出血を指し，毛細血管からの出血で出血量も少ない，③静脈性出血，④静脈の血液は二酸化炭素や老廃物を多く含んでいるため，外見上暗赤色をしている．静脈の血液は動脈血に比べ弱く，じわじわと湧き出すように出血するため，圧迫止血などで止血が可能であるが，太い静脈からの出血では放っておくと短時間でショック症状に陥ることがある，⑤動脈性出血，⑥動脈は，心臓から全身へ血液を送る血管で，動脈からの出血の場合，鮮紅色の血液が勢いよく噴き出すようになるため，血管が細くても真っ赤な血液が脈打つように噴き出す．大血管では，短時間に多量の血液が失われるため，命にかかわることがあり，緊急に応急処置をする必要がある

| 問 3

①直接圧迫法，②出血部位に直接ガーゼや布をあて，その上を手で強く圧迫する方法，③間接圧迫法，④創傷面積が広いときや比較的太い動脈の出血で直接圧迫法では止血しにくい損傷が四肢末梢にあるとき，あるいは骨折があって圧迫止血できないときなどに出血部位より心臓に近い動脈のある点（止血点）を手や指で強く圧迫して血液を止める方法，⑤直接・間接圧迫併用法，⑥直接圧迫法だけでは止血できない場合に間接圧迫法を合わせて使用する方法，⑦止血帯法，⑧四肢の出血のうち，創面が広く直接圧迫法で止血できないもの，四肢の比較的太い動脈からの出血，四肢の切断創や挫滅創からの出血でなかなか血が止まらないとき，あるいは骨折を伴って圧迫止血できないときに，止血帯を使って一時的に末梢の血流を止める方法

| 問 4

①浅側頭動脈，②鎖骨下動脈，③腋窩動脈，④上腕動脈，⑤指動脈，⑥大腿動脈，⑦膝窩動脈，⑧足背動脈

| 問 5

・傷の長さが 1cm 以上で，顔面にある場合 ・傷が深い場合 ・傷の先端が開いている場合 ・圧迫しても数分以内に出血が止まらない場合 ・腱や神経を損傷している可能性がある場合 ・擦過傷が深かったり，傷の中の泥や破片を取り除くことが難しい場合 ・刺創で異物が傷口に入り込んでいる可能性がある場合 ・過去 5 年間に破傷風のワクチン接種を受けていない人がけがをした場合

| 問 6

メリット

創傷の処置の際に傷病者の血液に直接触れることなく処置ができる

デメリット

グローブを装着すると操作性が悪くなる可能性がある．負傷者側も何か汚いものでも触っているか，病気があるのを疑われているかのような印象を受けるのか，グローブの装着を嫌がったりすることがみられる

| 問 7

洗浄，消毒，患部の保護（詳しくはテキスト参照）

| 問 8

生理食塩水または水で洗浄し破れている皮膚を整える．傷口と皮膚の裏側にワセリンなどの軟膏を塗布し，皮膚をもとの位置に戻し，さらに軟膏を塗布する．ジェル製保護材やハイドロコロイド製材または，清潔なガーゼを当て，ポリウレタンフィルムやテープで被覆する．あるいはハイドロコロイド製材の保湿パッドなどで全体を被覆し固定する

3．特殊な外傷の救急処置

STEP 1

| 問 1

1．ハムストリングス 大腿直筋 大内転筋 腓腹筋，2．過緊張 協応能 外傷 拮抗筋 ウォーミングアップ 整備不足

| 問 2

1．眼窩底骨折 上下 複視，2．翌日も症状が軽減しない，3．円座 紙コップ 両目 歩かせない，4．下，5．雪目 サングラス

| 問 3

1．神経毒 わずかしか含まれておらず 絞り出し，2．牙 嫌気性菌 皮下組織 抗生物質 外科的処置，3．血圧低下 意識消失 アナフィラキシー ハチ・アレルギー

| 問 4

1．きれいな流水 無理に取り除くのは避け 表皮剥離，2．4 時間 8 時間 流水で洗って 乾いたガーゼ ビニール袋 密封 凍らない

| 問 5

1．不完全燃焼 無臭，2．ヘモグロビン 強い ヘモグロビン ヘモグロビン，3．意識障害 呼吸，4．遅発性神経精神症候群，5．紅潮 パルスオキシメーター，6．高気圧酸素療法

STEP 2

| 問 1

原因

脱水による水分・塩分の不足，長時間の筋収縮による循環障害，低温刺激，ビタミン・ミネラル不足

予防法

十分なウォーミングアップ，フルーツや飲料による十分なカリウム摂取，水分・塩分補給，心理的過緊張の緩和（メンタルトレーニング），十分なクーリングダウン

| 問 2

・Ⅰ度：皮膚表面の発赤・疼痛 ・Ⅱ度：真皮にまで到達し，水疱ができる ・Ⅲ度：水疱が破れ，皮下組織が白っぽく変色する．植皮手術が必要

| 問 3

・体表の 15%を超える重症熱傷 ・気道内熱傷が疑われる，顔面や頸部の熱傷

| 問 4

・一刻も早く冷やす ・最低 10 分，できれば 20 ～ 30 分冷やす ・水疱はなるべく破らない ・衣類は無理に脱がせず，衣類の上から水をかけて冷やす ・広範囲な熱傷で水疱が破れている場合はレスキューシートなどで覆う

| 問 5

発生要因

凍力（外気温＋風速），曝露時間，湿度，傷病者側要因（体質，栄養状態，既往，着用しているものなど）

※凍力〔無風時相当温度〕＝外気温＋（外気温－36）÷10×風速〔m/sec〕．つまり，気温と風速を合わせたものが「凍力」なので，気温・風力・凍力と並べるのは重複となる．風速を計れない場合に，地表物または海面の状況から風速を判断した指標が「風力」であり，「風力：風速により凍力が決まる」という風力・風速の使い分けもおかしい．また，テキストに「無風時相当時間」とあるのは，「無風時相当温度」の誤りと思われる．

発生の傷病者側因子（なりやすい人，気をつけるべき人）

・汗をかきやすい（気化熱を奪われやすい）
・体格が小さい（体重当たりの体表面積大）
・皮下脂肪（断熱材）が少ない ・喫煙（末梢循環悪化） ・凍傷経験（患部の循環障害）
・低酸素環境（熱産生低下） ・熱伝導のよい物に接触 ・高齢者，虚弱者，るいそう
・貧血，循環不全

凍傷の症状がどのように進行していくか

・初期症状：手足の指にじりじりとした痛み→感覚がなくなる ・表在性凍傷：皮膚が蒼白色，紅斑，腫脹，痛み，かゆみ→皮膚が紫紅色，水疱，ズキズキとした疼痛 ・深部凍傷：皮膚の白ろう化，知覚麻痺→黒く炭化（皮膚全層の壊死）

| 問 6

落雷（電撃傷）による症状

・中枢神経への通電による呼吸停止，意識障害 ・皮膚の電紋（熱傷） ・転倒などによる外傷

電撃傷を避けるための予防法

・雷雨予報が出たら，外出しない，スポーツ中止 ・カーボンや金属製品を外し，金属製の物から離れる ・高い木の頂点から 45°の範囲に入り，かつ，できるだけ木から離れる
・広い戸外では，できれば絶縁体の上で，できるだけ低くしゃがむ ・安全な場所（鉄筋や鉄骨の建物内，自動車内，金属製の船内）に避難，電灯線，コンセント，テレビ，電話機から離れる ・気象情報の収集

4. 患部の固定法

STEP 1

| 問 1

1. 損傷部位を悪化　応急処置の範囲　2 次損傷　痛みの増悪，2. 骨折　脱臼　亜脱臼　靱帯損傷　肉離れ，3. 転位　2 次損傷の予防　疼痛の緩和　良好な治療環境，4. 止血をしたうえ　消毒したガーゼで軽く圧迫　末梢の循環　整復，5. その場から動かさないこと　呼吸が認められない　救急車がすぐに駆けつけられる環境にない，6. 5　頭　体幹　下肢　ヘルメットを外して，7. 長さ　幅　固さもしくは耐久性

5. 運搬法（選手の移動）

STEP 1

| 問 1

1. 確認　計画　行動，2. 場所　人数　症状，3. リーダー　リーダー　運搬ルート　障害物など，4. ファイヤーマンキャリー　バックストラップキャリー，5. 軽減　向上，6. 落下時の頭部のダメージを避ける　頭部　足部

D 緊急時の救命処置

1. 心肺蘇生法

STEP 1

| 問 1

1. バイスタンダー，2. 心室細動　VF　心停止　心静止　心肺蘇生法，3. 重要臓器　7　10

| 問 2

①迅速な通報　②迅速な心肺蘇生　③迅速な除細動　④迅速な 2 次救命処置　⑤バイスタンダー（第 1 発見者）　⑥バイスタンダー　⑦バイスタンダー　⑧救急隊員・医師

| 問 3

① 119 番通報，AED の手配　② 2　③ 4 ～ 5　④ 100　⑤ 30　⑥到着次第　⑦ただちに心肺蘇生を再開（5 サイクル 2 分間）　⑧ AED は使用しない

STEP 2

| 問 1

身体が濡れている

身体が濡れているような場合は電気が体表の水を伝わって流れてしまうので，乾いたタオルで拭き取る

ペースメーカーがある

ペースメーカーがある場合は，その場所から 2 ～ 3 cm 離してパッドを貼りつけ，パッドとパッドの間に心臓が位置するようにする

胸毛が多い

胸毛などで電極パッドが肌に密着しないときは，強く押しつけて密着させるか，予備のパッドがあれば最初の電極パッドを外してから新しい電極パッドを貼り直す

STEP 4

| 問 1

❶気道を確保する　❷回復体位にして様子を見守りながら専門家の到着を待つ　❸胸骨圧迫 30 回＋人工呼吸 2 回を繰り返す　❹心電図解析　❺電気ショック 1 回，その後ただちに心肺蘇生を再開

2. 頭頚部・脊椎外傷時の救急処置

STEP 1

| 問 1

1. 脳　脳　脳震盪　脳挫傷　急性硬膜下血腫　急性硬膜外血腫，2. たわみ現象　空洞現象　剪力　橋静脈，3. 後方医療機関　頚部の外傷　動かさず，4. 日本昏睡指標（ジャパンコーマスケール）　グラスゴー昏睡指標（グラスゴーコーマスケール），5. 脳腫脹　セカンドインパクト症候群　脳神経外科

| 問 2

1. 意識　上下肢が動くか　力が入るか，2. 意識消失　四肢麻痺　四肢麻痺，3. 選手の身体に危険が及ぶ場合　布製　硬質のもの，4. バーナー症候群　可動域　上肢や頚部の筋力低下，5. 付き添い　呼吸が停止　異常ないびきをかき始め

STEP 2

| 問 1

①あなたの名前は？　②ここはどこ？　③今は何時頃？　④何をしていた？　⑤目を開けたり閉じたりして　⑥頚の痛みはある？　⑦吐き気はある？　⑧目の焦点が合う？　⑨耳鳴りや大きな音に耐えられない？　⑩触っているところがわかる？　⑪つねって痛みを感じる？　⑫痺れを感じるところはある？　⑬肘を曲げて　⑭腕を上げて　⑮足首を動かして　⑯膝を曲げて　⑰足を上げて　⑱頚を左右動かして　⑲そっと立ち上がってみて　⑳片脚で立ってみて　㉑屈伸をしてみて　㉒ジョギング，ダッシュをしてみて　㉓今日何度目の脳震盪か？　㉔すべての症状が 15 分以内に消失したか？

STEP 4

| 問 1

❶意識　❷脳震盪の症状　❸ 119 番通報　❹背椎損傷　❺ 15　❻ 119 番通報　❼ 2　❽ 1

E 内科的疾患の救急処置

1. 暑熱による障害（熱中症）

STEP 1

| 問 1

①多湿　②無風　③強い日差し　④衣服　⑤下痢　⑥嘔吐　⑦絶食　⑧発熱　⑨小児　⑩肥満　⑪体調　⑫睡眠　⑬運動強度

| 問 2

1. 救急車，2. 中枢神経系　多臓器障害　横紋筋融解　急性腎不全　意識障害　全身けいれん　高体温　運動失調　真っ直ぐ走れない　歩けない，3. 脱水　体温調節機構　意識障害　倦怠感　疲労感　虚脱感　めまい　頭痛　頭重感　吐き気　嘔吐　弱くて速い　蒼白　発汗，4. 低ナトリウム血症　皮膚血管拡張

| 問 3

1. 20，2. 涼しい，3. 蒼白　弱く速い，4. 意識が明瞭でない　吐き気・嘔吐がある　生理食塩水　0.9%の食塩水　自力，5. 必要性の説明　プライバシーへの配慮，6. 皮膚常温　ぬるま湯　頚部　腋窩部　脇の下　鼠径部　寒いと訴える

STEP 4

| 問 1

❶発汗　❷皮膚血管拡張　❸維持　❹抑制　❺血圧低下　❻虚脱　❼体温調節破綻　❽体温異常上昇

2. 寒冷による障害

STEP 1

| 問 1

1. 高所　筋力　協調運動　会話，2. −6　細胞外　脱水状態　粘性　血栓　炎症反応，3. 脱水　40　42　温水　自動運動　皮膚の摩擦　マッサージ　中途半端な解凍　火にかざす

STEP 2

| 問 1

①伝導　②溺水の場合，氷や低温の金属との接触など，低温の物体と皮膚が直接接触する　③対流　④冷たい風に当たるなど，風速が上がると，より大量の熱が奪われる　⑤放射　⑥雲のない夜に地表が著しく冷えるような場合に，屋根やテントなど遮蔽物のないところにいる　⑦蒸発　⑧寒いところで衣服が濡れたままでいる

3. 過換気状態

STEP 1

| 問 1

1. 疾患，2. 二酸化炭素濃度　低下　二酸化炭素濃度　低下　呼吸性アルカローシス　呼吸性アルカローシス　収縮　脳の酸素不足　神経症状，3. パニック状態　過換気状態　呼吸困難感　促進，4. ペーパーバッグ再呼吸法　診断行為

STEP 2

| 問 1

緊急性の高い疾患には，熱中症，喘息，虚血性心疾患，発作性頻拍症，低血糖，気胸などがあり，症状としては，呼吸音の異常，高体温，意識障害，運動失調，胸痛，咳，脈の乱れや血圧低下を示す弱くて速い脈などが問題となる

4. ショック

STEP 2

| 問 1

・pallor：蒼白（青白く冷たい皮膚）　・prostration：虚脱（ぐったりとして意識レベルの低下した状態）　・perspiration：冷汗　・pulselessness：脈拍触知せ

ず，または，弱くて速い脈　・pulmonary insufficiency：呼吸不全（浅く速い呼吸とチアノーゼ）

| 問 2

心拍出量の低下によるもの

・循環血液量の減少（出血，脱水）　・心臓ポンプ機能の低下（①心筋の異常：心筋梗塞，心筋炎，感染性心内膜炎，拡張型心筋症，②機械的異常：弁膜症，心室中隔欠損症，心室瘤，③不整脈）　・心外閉塞・拘束（心タンポナーデ，収縮性心膜炎，緊張性気胸）

血管抵抗の低下によるもの

・感染性ショック：内因性の化学物質を介した過剰な生体反応が起き，末梢血管が拡張
・アナフィラキシーショック：口，気道，皮膚から浸入した物質によるアレルギー反応，運動誘発喘息，食物依存性運動誘発アナフィラキシー　・神経原性ショック：脳死，脳幹損傷，脳血管障害，脊髄損傷など血液循環を調節している延髄循環調節中枢や自律神経の障害により，末梢血管が拡張

| 問 3

体位

原則として水平仰臥位．循環血液量減少によるショックで意識障害があれば，両下肢を30°程度挙上する

下肢挙上をしてはいけない場合

頭部外傷など頭蓋内圧亢進がありうる場合や，呼吸が楽になるように傷病者自身が座位をとる（起座呼吸）場合

5．その他（スポーツでよくみられる内科的疾患）

STEP 1

| 問 1

1．セットポイント　対症療法　原因疾患　食事の摂取　不要　ドーピング禁止薬物，2．脱水状態，3．ウイルス性心筋炎　10　14

STEP 2

| 問 1

意識障害のあるもの

脳出血，脳梗塞，クモ膜下出血，硬膜下血腫，脳腫瘍，髄膜炎，頭部外傷など

突然起こるもの

クモ膜下出血

神経症状を伴うもの

脳出血，脳梗塞，脳腫瘍，硬膜下血腫など

髄膜刺激症状を伴うもの

髄膜炎，クモ膜下出血

| 問 2

回転性めまい

・特徴的な症状：自分が回る，目が回る，周囲が回る，天井が回る．耳鳴りや難聴をしばしば伴い，吐き気・嘔吐も多い　・主な原因：内耳や前庭神経の障害　・緊急性の高い場合：意識障害や麻痺，感覚障害，失語症，構音障害，嚥下障害，瞳孔不同，けいれん発作，失調などを伴う

動揺性めまい

・特徴的な症状：身体がふらふらする，宙に浮いた，足が地に着いていない，なんだかフラフラする　・主な原因：椎骨脳底動脈循環不全や小脳・脳幹の循環障害など中枢神経系の異常　・緊急性の高い場合：意識障害や麻痺，感覚障害，失語症，構音障害，嚥下障害，瞳孔不同，けいれん発作，失調などの中枢神経症状がある

失神性めまい

・特徴的な症状：突然目の前が暗くなる，気を失った，フーッとなった　・主な原因：一過性の脳虚血症状であり，代表的なものが起立性低血圧．痛みや恐怖，咳・排尿・排便などによる「迷走神経反射」，不整脈や虚血性心疾患，弁膜疾患，解離性大動脈瘤などの「心臓性失神」，脳血管障害や高血圧性脳症などの「脳性失神」，その他，低血糖，てんかん発作など　・緊急性の高い場合：「起立」によって起こるもの以外，「起立」によるものでも平常より程度や頻度が増した場合

| 問 3

狭心症

心臓を取り囲む冠状動脈が動脈硬化や血管平滑筋のけいれんで細くなっている場合，運動時に心筋の酸素不足が生じて，痛み（狭心痛）が起こるが，安静によって回復し，数分で症状が消える．前胸部，胸骨奥の圧迫感，締めつけられるような強い痛みが典型的

心筋梗塞

血栓などによって冠状動脈の血流が完全に途絶え，心筋が不可逆的な変化（壊死）を起こす．心臓破裂，心不全のほか，心室細動を起こして死に至ることが多い．胸痛以外に，心窩部（腹部）や肩，腕，咽頭，歯などの痛みとして感じる場合もある

| 問 4

・持続時間の長い前胸部痛あるいは背部の激痛　・苦悶状顔貌および冷汗を伴うもの
・呼吸困難を伴うもの　・ショック症状を伴うもの

| 問 5

安静・体位変換で呼吸困難が収まらなかったり，意識障害・胸痛・ショック状態が出現した場合

| 問 6

喘息

呼吸困難があり，呼気時に笛声音（ヒューヒュー）が聞こえる（喘鳴）

気胸

突然の胸痛，呼吸困難，咳．重篤な場合はチアノーゼ，ショック状態が出現する

| 問 7

症状

・意識障害やショック状態　・「高度脱水」を疑わせる強い口渇や速く弱い脈　・「高度貧血」を疑わせる顔面・眼瞼結膜蒼白，など

原因

・腹部強打による臓器破裂　・急激な血圧上昇による大動脈瘤破裂　・子宮外妊娠の破裂
・穿孔性腹膜炎　・腸間膜血栓症，など

| 問 8

腹筋の緊張が入らないように，傷病者に仰向けで膝を立てた状態で寝てもらい，痛みの部位から離れたところから静かに触れ，腹壁を指先で圧迫する．傷病者が，圧迫を排除しようとして腹壁の筋肉を緊張させるかどうかをみる．次に，やや持続的に圧迫した指を急に離したときに強い痛み（反跳痛）が出現しないかをみる．腹膜刺激症状は腹膜炎のサインであり，腹腔内臓器の炎症が，その臓器付近の腹膜に及んだり，血液や感染性の腹水が腹腔全体に広がった場合にみられる

| 問 9

股関節・膝関節屈曲位で，動かさないようにするが，原則は傷病者が楽な姿勢をとらせることである

| 問 10

症状

・頭痛，吐き気，めまいなどの症状が強い場合　・運動失調，記憶障害，意識障害など
・呼吸困難，痰のからんだ咳，喘鳴，チアノーゼ，など

対処法

一刻も早く下山させる．自力歩行は危険であり，可能であればヘリコプターで移送する．酸素吸入ができれば行うが，それだけでは症状はあまり回復しない

F　現場における救急体制

1．救急体制の重要性と計画

STEP 2

| 問 1

①スポーツイベント内容の把握と救急体制の役割の確認　②スポーツイベントの規模，環境の整理　・対象者の情報（人数，性別，年齢）　・トレーナー活動内容（救急のかかわり方など）　・トレーナーステーション（救護体制）場所，など　③責任者の決定と救急体制の役割分担の決定　④・スポーツイベント規模・内容に応じた人材　・活動内容を踏まえたトレーナーの役割分担　・スポーツイベント関係者の窓口となる人材，など　⑤必要物品のリストアップとその確保　⑥・スポーツイベント規模，環境，起こりやすい傷害を想定した物品のリストアップと数の設定　・それぞれの物品の確保の仕方（購入，レンタルなど），など　⑦緊急時のフローチャートの作成　⑧トレーナー，スポーツイベントスタッフが共通理解をするためのフローチャート，など　⑨当日を想定した処置のシミュレーション　⑩・起こりやすい傷害を想定した処置の練習，シミュレーション　・トレーナー，スタッフが共通理解となるようなシミュレーション，など　⑪その他　⑫・事故発生時の連絡・通報手順の確認　・起こりやすいスポーツ傷害の把握　・搬送経路の確認

検印省略

公認アスレティックトレーナー専門科目テキスト ワークブック
救急処置
定価（本体 1,800円＋税）

2011年1月27日　第1版　第1刷発行
2019年3月5日　　同　　第6刷発行

監修者　公益財団法人
日本スポーツ協会指導者育成専門委員会
アスレティックトレーナー部会
編集者　山本《やまもと》 利春《としはる》
発行者　浅井 麻紀
発行所　株式会社 文光堂
〒113-0033　東京都文京区本郷7-2-7
TEL (03)3813-5478（営業）
(03)3813-5411（編集）

印刷・製本：広研印刷

乱丁，落丁の際はお取り替えいたします．

ISBN978-4-8306-5175-5　Printed in Japan